GOLDMANN

Lachen Sie sich gesund!

Rickard Fuchs

Wie geht's uns denn heute?

Geschichten zum Gesundschmunzeln

Mit Illustrationen von Tilman Michalski

GOLDMANN VERLAG

Der Goldmann Verlag ist ein Unternehmen
der Verlagsgruppe Bertelsmann

Made in Germany · 9/91 · 1. Auflage
Genehmigte Ausgabe

Umschlaggestaltung:
Design Team München
Umschlagillustration:
Tilman Michalski
Verlagsnummer: 27014
ISBN 3-442-27014-6

Inhalt

Der Arzt
im gesellschaftlichen Leben
83

Ärztekonferenz
112

Krankenhaus-
demokratie

Endlich war im Gesundheitswesen die perfekte Demokratie eingeführt worden. Alle durften mitbestimmen. In dem kleinen Kreiskrankenhaus hatte sich das gesamte Personal zur täglichen Morgenbesprechung versammelt. Hier wurden regelmäßig die Fälle der neu aufgenommenen Patienten durchgesprochen. Man stimmte über die Diagnose ab und diskutierte die eventuelle Behandlung.
An diesem Morgen war der Oberarzt durch Los zum Veranstaltungsleiter bestimmt worden.
»Ich erkläre die Versammlung für eröffnet. Kann der Arzt, der gestern Aufnahmedienst hatte, bitte

einen Bericht über die neuen Patienten geben?«
Der angesprochene Assistenzarzt erhielt auf demokratische Weise das Wort.
»Zuerst war da ein älterer Mann, der beim Radfahren gestürzt war und sich ein Bein gebrochen hatte«, berichtete er. »Was schlagen Sie für eine Diagnose vor?« fragte der Oberarzt. »Darf ich um Wortmeldungen bitten!« Der Assistenzarzt schlug die Diagnose »Beinbruch« vor. »Es ist der Vorschlag ›Beinbruch‹ eingebracht worden«, teilte der Versammlungsleiter mit. »Gibt es noch weitere Meinungen?«

»Armbruch«, rief jemand.
»Blinddarmentzündung«, meinte ein anderer.
»Eine tiefgehende intrapersonelle Konfliktkrise mit sublimen Wahnvorstellungen«, warf ein Dritter in die Debatte.
»Weitere Vorschläge?« fragte der Vorsitzende.
Es gab keine weiteren Bemerkungen und die Versammlung stimmte durch Handzeichen ab.
Es erwies sich, daß ›Beinbruch‹ einen knappen Sieg vor ›tiefgehenden intrapersonellen Konfliktkrisen mit sublimen Wahnvorstellungen‹ davongetragen hatte.
»Nun wollen wir beschließen, was

wir mit diesem Beinbruch machen wollen«, sagte der Oberarzt. »Was meint ihr?«

Eine hitzige Diskussion folgte. Jeder hatte eine Stimme und manch einer eine sehr laute. Nachdem zwanzig Minuten ununterbrochen durcheinandergeredet worden war, glückte es dem Vorsitzenden, eine Abstimmung zustande zu bringen. Sie führte zu dem Ergebnis, daß der Patient mit dem Beinbruch mit Gruppengesprächstherapie geheilt werden sollte.

Der Assistenzarzt, der sich am Tage zuvor um den Patienten gekümmert hatte, brach in Tränen aus.

Ein Patient mit Kopfschmerzen erhielt durch Abstimmung die Diagnose »Schuppen«, und es wurde eine Behandlung durch Reinigungsbäder beschlossen.
Eine ältere Dame, die wegen Schwindelanfällen im Krankenhaus aufgenommen worden war, wurde ohne weitere Behandlung entlassen, weil sich die Versammlung auf keine Diagnose einigen konnte.
Bei einem Patienten mit zu hohem Blutdruck wurden »abgenützte Kniegelenke« diagnostiziert, und die Runde beschloß, daß er mit warmen Umschlägen behandelt werden sollte. Die Versammlung

wurde fortgesetzt. Zwei Asthmatiker erhielten zur Verwunderung aller die Diagnose »Asthma«, und die Behandlung mit warmem Kakao und Mitteln gegen Würmer wurde sofort in Angriff genommen.

Der Oberarzt schwang den Hammer des Leiters mit Stil und Eleganz und klopfte entschlossen mit nachdrücklichen Schlägen auf den Stuhl des Vorsitzenden. Ein kleiner Unfall geschah, als er sich vertat und versehentlich den Kopf einer in der Nähe stehenden Krankenschwester traf. Diese wurde blaß und erhielt durch Abstimmung die Diagnose »Blutmangel«, worauf sie fortgetragen wurde, um mit Cortisonsalbe behandelt zu werden.

Der Patient, dessen Fall zuletzt erörtert werden sollte, war ein junger Mann mit akuten Bauchschmerzen. Der Chirurg des Krankenhauses, der die ganze Zeit still dagesessen hatte, erhob sich nun und bestand mit Nachdruck darauf, daß dies eine Blinddarmentzündung wäre. Er bekam sogleich einige Anhänger, stieß jedoch auf den harten Widerstand einer Gruppe, die sich inzwischen auf die Diagnose »Struma« geeinigt hatte. Ein Vermittlungsversuch, der in dem Vorschlag bestand, die Diagnose bis zur nächsten Woche aufzuschieben, wurde einstimmig abgelehnt. Der Kompromißvorschlag, dem Patienten die Diagnose »Blinddarmstruma« zu verpassen, fand ebenfalls keine Zustimmung. Bei der Schlußabstimmung gewann »Blinddarmentzündung« mit einer Stimme Vorsprung. Es erwies sich nachher, daß die ausschlaggebende Stimme von einem Patienten gestammt hatte, der sich auf seiner Fünf-Kilometer-Wanderung zwischen Röntgenabteilung und Laboratorium verirrt hatte und zufällig vorbeigekommen war. Es vollzog sich nun die gewöhnlich geheime Abstimmung, wer operieren sollte, und bei der Stimmauswertung ergab sich, daß der alte Hausmeister die meisten Voten auf sich vereinigen konnte. Er freute sich sehr darüber, weil er vorher noch nie hatte operieren dürfen.

»Wenn mir jemand sagt, wo der Blinddarm sitzt, wird das schon klappen«, meinte er. »Ich sehe allerdings schlecht, aber andererseits glaube ich, daß mein Händezittern heute ein bißchen besser ist. Also packen wir's an. Soll ich mir vorher die Hände waschen?«

Ein Doktor als Patient im Krankenhaus

Oskarsson lag im Krankenhaus. Das hatte er schon früher als Assistenzarzt einmal erlebt. Eines morgens war er bei der Visite auf dem frischgebohnerten Parkett ausgeglitten. Er hatte eine elegante Figur zwischen Überschlag und Pirouette gemacht (5,3; 5,2; 5,5; 5,3) und war dann auf den Fußboden geknallt. Als er dort mit gespreizten Armen und Beinen lag, sah ein Patient unter seiner Decke hervor und sagte froh: »Nun liegt der Doktor im Krankenhaus wie jeder gewöhnliche Sterbliche.«

Aber nun lag Dr. Oskarsson tatsächlich selbst in einem Bett. Es war ein Vierbettzimmer, und Dr.

Oskarsson lag in einem der Fensterbetten. Er konnte auf das Krankenhausgelände schauen, wo früher schöne Laubbäume, Büsche und ein gepflegter Rasen wuchsen. Vor einigen Jahren aber waren alle Bäume und Sträucher einer Aktion zum Opfer gefallen. Das Krankenhaus-Kunst- und Schönheitskomitee hatte damals beschlossen, daß der Park »künstlerisch verschönert« werden sollte, »um sowohl dem Personal als auch den Patienten ein Milieu zu schaffen, in dem sie sich wohlfühlen, und das Auge und Seele Trost bietet.« So stand es jedenfalls in der Begründung des Komitees. Vier Millionen Kronen wurden für dieses Projekt veranschlagt, und als erstes beseitigte man die schönen Bäume und Büsche. Sie wurden durch große Betonskulpturen ersetzt, die ein unbekannter aber wahnsinniger Künstler mit Namen Bergström verbrochen hatte. Die Kunstwerke waren unförmige graue Klumpen, angsteinjagend in Größe, Farbe und Form. Sie standen wie versteinerte Wächter im Krankenhauspark. Der Künstler hatte seinen Skulpturen so aufmunternde Namen gegeben wie »Angst«, »Leiden«, »Sorge« und »Tod«. Man konnte nicht ohne einen Schauer des Unbehagens an diesen düsteren Betonskulpturen vorbeigehen. Diese grauen Klumpen also sah Dr. Oskarsson, als er aus dem Fenster schaute. Kein Wunder, daß er versuchte, dies so selten wie möglich zu tun.

Der Arzt lag schon seit fast einer Woche hier. Keiner wußte, was ihm fehlte. Acht Tage vor seinem Krankenhausaufenthalt hatte er Dr. Nicklasson, einen Kollegen, aufgesucht und ihm seine Symptome geschildert. Es waren viele und unerklärliche Symptome gewesen, und Nicklasson hatte gesagt, das Beste wäre es, Oskarsson zu einer gründlichen Untersuchung ins Krankenhaus einzuweisen. Nun lag er flach, und die Untersuchung war in vollem Gange. Zweimal täglich nahm man von ihm Blut- und Urinproben, und in regelmäßigen Abständen wurde er zum Röntgen geschickt. Man entdeckte immer neue Teile an ihm, die man noch röntgen konnte. Die Befunde und Röntgenbilder wurden ausgewertet, und man stellte fest, daß man nicht wußte, was mit ihm los war. Dann wurden neue Befunde gemacht und neue Körperteile geröntgt.

Dr. Oskarsson nahm an seiner Untersuchung aktiv teil. Er mischte sich ständig ein und sagte, was man mit ihm machen sollte, was man schon gemacht hatte und wie man die Vielzahl seiner Krämpfe und Symptome zu deuten hätte. Während der Visite diskutierte er seinen Fall ausführlich mit dem Stationsarzt und schlug neue Untersuchungen und Proben vor. »Vielleicht sollten wir auch noch den Schädel röntgen«, regte Oskarsson an, und der Stationsarzt stimmte dem Vorschlag begeistert zu: »Ja, natürlich, Schädel röntgen! Aber Moment! Haben wir das nicht schon neulich getan?«

»Tatsächlich? Ach ja, stimmt. Am Mittwoch. Vielleicht sollten wir dann das Knie röntgen. Das ist noch nicht durchleuchtet worden.« Dr. Oskarsson hatte auch betreffend der Untersuchungen und der Behandlung seiner Mitpatienten seine eigenen Ansichten. Er erklärte den drei anderen Patienten in seinem Zimmer, woran sie seiner Meinung nach litten und was man dagegen tun sollte. »Nein, Nilsson«, sagte er, »ich glaube nicht, daß es dein Dünndarm ist, der nicht funktioniert.« Nilsson machte ein bekümmertes Gesicht. »Aber mir haben sie gesagt, Dünndarm«, meinte er unsicher. »Ich kriege Medizin für den Dünndarm. Und was glaubst du, daß es ist?«

»Dickdarm. Ganz typisch Dickdarm! Vor längerer Zeit hatte ich einen Patienten, der genau dieselben Beschwerden hatte wie du. Typisch Dickdarm. Das weiß ich ganz genau.«

»Und was ist aus deinem Patienten geworden?«

»Ach, reden wir nicht davon! Aber die Obduktion hat klar erwiesen, daß ich Recht gehabt hatte. Es war der Dickdarm.« Dr. Oskarsson scheute sich auch nicht, die Medikation der Patienten in seinem Zimmer zu ändern. »Was sagst du«, meinte er zu Jönsson, der im anderen Fensterbett lag, »du kriegst drei Coryphan täglich? Höchstens eine darfst du nehmen. Drei sind geradezu gefährlich.«

»Hm. Meinst du? Aber die haben gesagt, ich solle drei nehmen. Ist das zuviel?«
»Absolut! Ich hatte vor einiger Zeit einen Patienten, der auch drei Coryphan täglich nahm.«
»Und wie hat er die vertragen?«
»Da wollen wir lieber nicht von reden. Aber höre auf meinen Rat und nimm nur eine! Und hüte dich davor, aus dem Fenster zu schauen!«
Das Wirken von Dr. Oskarsson im Zimmer führte dazu, daß die übrigen drei Patienten begannen, ihn sogar während der Visite um Rat zu fragen. Wenn der Oberarzt Nilsson mitteilte, daß er die Dosis

seiner Magenmedizin verdoppeln solle, wandte sich Nilsson sofort an Dr. Oskarsson. »Oskarsson, was sagst du dazu? Meinst du, ich soll die Dosis erhöhen?« Das Gesicht des Oberarztes verfinsterte sich. »Sie sollen die Dosis erhöhen, habe ich gesagt«, brummte er. Nilsson sah Oskarsson fragend an. Dieser winkte abwehrend ab. »Wir sprechen später darüber«, flüsterte er Nilsson zu. Augenscheinlich irritiert ging der Oberarzt weiter. »Ihr müßt verstehen«, erklärte Oskarsson nach der Visite seinen Zimmergenossen, »man muß diskret vorgehen, wenn man die Medikation des Oberarztes ändert. Er ist in diesem Punkt etwas empfindlich. Man sollte das nicht während der Visite machen. Aber jetzt tun wir's. Du, Nilsson, darfst absolut nicht die Dosis erhöhen, und du, Jönsson, mußt deine Tabletten vor dem Essen nehmen, nicht danach, wie die gesagt haben, und du, Pettersson, mußt versuchen, daß sie von dir neue Blutproben nehmen, und was deine Röntgenbilder betrifft…«

So verging die Zeit, und keiner konnte Dr. Oskarsson sagen, was ihm fehlte. Noch mehr Blutproben und Untersuchungen wurden gemacht, viele davon auf Dr. Oskarssons eigenen Vorschlag. Aber alles blieb ohne Resultat. Wenn Dr. Oskarsson seine Kollegen fragte, was denn eigentlich mit ihm los wäre, so antworteten sie ausweichend. Sie wüßten es nicht, es sei schwer zu sagen, vielleicht wäre es das beste, noch mehr Proben zu untersuchen. Inzwischen hatte Dr. Oskarsson seine Praxis vom eigenen Zimmer auf die ganze Station ausgedehnt. Er machte eigene kleine Visiten, untersuchte die Patienten und änderte deren Medikation. »Man kann im Krankenhaus nicht nur einfach so herumliegen«, erklärte er seinen Zimmergenossen, »als Arzt muß man immer in Form bleiben. Man muß sein Wissen auf dem laufenden halten.« »Ja, so wird's wohl sein», sagte Nilsson nachdenklich. »Ich für meinen Teil arbeite beim Fernsehen, und da merkt niemand, ob ich da bin oder nicht. Ich weiß nicht, ob da schon jemand gemerkt hat, daß ich seit drei Wochen fort bin.«

Dr. Oskarsson erzählte über seinen Beruf als Arzt und würzte seine Berichte mit kleinen Aphorismen und Witzen. »Heutzutage sterben viele Menschen ohne ärztliche Hilfe«, klagte er, »aber dennoch ist es ein besonderer Beruf. Ich hatte sogar einen Kollegen, der immer zu sagen pflegte, daß der Arztberuf etwas *ganz* Besonderes wäre. In welchem Beruf, fragte er, kann man ein schönes Mädchen bitten, sich auszuziehen, sie genau betrachten und dann ihrem Mann die Rechnung schicken?« Dr. Oskarssons Mitpatienten lachten über diesen unpassenden und unethischen Witz. »Ja«, bestätigte Jönsson, »man müßte wohl Arzt sein. Ich habe überhaupt keine Ausbildung und kann gar nichts. So konnte ich nur Berater werden. Aber das mache ich wunderbar! Ich bin ein begehrter Berater! Na ja, es wäre vielleicht ganz lustig geworden, wenn ich Arzt geworden wäre.«

»Viele Menschen stellen die

Frage«, setzte Oskarsson seine Betrachtungen über seinen Stand fort, »ob die Ärzte heutzutage schlechter oder besser sind als früher. Diese Frage kann ich nur mit einem entschiedenen Ja beantworten. Aber man sollte nie zu einem Arzt gehen, dem die Topfblumen eingehen. Und ein anderer kluger Grundsatz lautet: Frage nie einen Friseur, ob deine Haare geschnitten werden müssen, und nie einen Chirurgen, ob du operiert werden mußt!«

»Nur ist es wohl auch nicht so einfach, Arzt zu sein«, stellte Nilsson fest, »man stößt bestimmt oft auf schwierige Probleme.« Dr. Oskarsson grinste. »Ich werde dir mal etwas sagen, Nilsson«, meinte er, »alle Zweifelsfälle, die auf den ersten Blick kompliziert erschienen, waren es nicht, wenn ich sie mir genauer betrachtet hatte.« »Ja«, stimmte Jönsson zu, »das kenne ich.« »Aha«, sagte Nilsson, »so ist das also. Beim Fernsehen haben wir überhaupt keine Probleme. Ich bin jedenfalls noch nie auf welche gestoßen. Ich habe zum Beispiel gerade darüber nachgedacht, ob ich nicht vorschlagen sollte, daß wir eine Fernsehsendung über die Skulpturen hier im Krankenhausgelände machen. Ein Einstundenprogramm mit

Schwenks über die Betonklumpen von allen Seiten. Wäre das nicht ein schönes Samstagnachmittag-Programm?«

Allmählich wurde Dr. Oskarsson ungeduldig, weil er nie Bescheid bekam, woran er denn nun litt. Er hatte keine Lust mehr zu Extravisiten auf der Station, und sein Wunsch nach einer eigenen Nachtschwester wurde abgelehnt. »Es wäre doch gut, wenn ich eine hätte«, hatte Oskarsson hervorgehoben, aber er stieß in diesem Punkt auf taube Ohren. Die Antworten der Ärzte auf der Station wurden immer nebulöser und ausweichender, wenn Oskarsson fragte, was denn nun bei der Untersuchung seines komplizierten und einmaligen Krankheitsbildes herausgekommen wäre. Den Ärzten waren die Fragen unangenehm, und sie versuchten immer, von etwas anderem zu reden. »Aber alle meine Symptome müssen doch auf etwas Bestimmtes hindeuten«, insistierte Oskarsson. »Na ja«, sagte der Stationsarzt mit flackerndem Blick, »na ja. Schönes Wetter heute. Aber gegen Abend wird's wohl regnen. Was? Wirklich schon so spät? Da muß ich mich ja beeilen. Mach's gut. Und sei so nett und ändere nicht wieder Nilssons Medikation.«

Dr. Oskarsson beschloß herauszukriegen, was ihm seine Kollegen nicht sagen wollten. Es war offensichtlich, daß sie ihm etwas verbargen. Er mußte wissen, was. Offenbar war die Wahrheit so unangenehm, daß sie ihm niemand sagen wollte. Am nächsten Abend, als die Nachtschwester die Runde machte, schlich sich Oskarsson ins Schwesternzimmer. Er suchte seine Krankenakte und blätterte darin. Sie war voller Befunde und Röntgenberichte. Dr. Oskarsson überschlug diese Dokumente und begann, die Bemerkungen der Ärzte zu lesen. Er wurde während des Lesens immer bleicher. »Das

ist doch wohl nicht möglich«, flüsterte er. Er las die Bemerkungen noch einmal. Dabei wurde sein Mund völlig trocken. »Das ist doch nicht möglich, das ist doch nicht möglich.« Vernichtet ging Dr. Oskarsson schleppenden Schrittes in sein Zimmer und legte sich ins Bett. Mit stumpfen Blicken starrte er an die Decke. Nach einer Weile setzte er sich im Bett auf und sah aus dem Fenster auf die grauen Betonfiguren. Oskarsson schüttelte langsam den Kopf, und es sah aus, als ob die Skulpturen schicksalsschwer zurücknickten.

In den nächsten Tagen fühlte sich Dr. Oskarsson wie betäubt. Er mischte sich nicht in die Medikation seiner Mitpatienten ein und machte keine Extravisiten. Er saß meistens nur da und sah aus dem Fenster auf die grauen Betonfiguren. Er wußte, was kommen mußte. Es war nur eine Frage der Zeit. Und schon einige Tage danach geschah es. Während der Vormittagsvisite blieb der Oberarzt an seinem Bett stehen und räusperte sich mehrmals. »Ja«, setzte der Oberarzt mit Anstrengung an, »wie du weißt, haben wir dich wirklich gründlich untersucht, wirklich umfassend. Wir hatten ja von Anfang an einen gewissen Verdacht, aber... Jedenfalls haben wir alle

Untersuchungen gemacht, die man machen kann und alle Befunde ausgewertet. Es wurde erhärtet, was wir von Anfang an glaubten. Ich … du … es fällt mir etwas schwer, das hier zu sagen … du hast … du bist … du verstehst schon, wir haben eindeutig festgestellt, daß du …« Dr. Oskarsson holte tief Luft. »Du brauchst nichts weiter auszuführen«, sagte er zu seinem Kollegen, »ich habe heimlich meine Krankenakte gelesen. Ich weiß, was da drin steht. Ich weiß, zu welchem Ergebnis ihr gekommen seid.« Der Oberarzt sah Oskarsson besorgt an. »Tut mir leid«, sagte er.

Am selben Nachmittag wurde Dr. Oskarsson entlassen. Er verabschiedete sich vom Personal sowie von den Mitpatienten und bedankte sich für die schöne Zeit. Er mußte nach Hause. Die Diagnose in seiner Krankenakte war klar und deutlich gewesen. »Hypochondrisch«, stand dort an mehreren Stellen. »Alle Befunde und Untersuchungen sind völlig normal. Patient ist hypochondrisch«, hieß es. Dr. Oskarsson packte seinen Kram zusammen. »So ist das nun«, hatte der Oberarzt gesagt, »du bist völlig gesund. Du leidest nur an Hypochondrie.«
Oskarsson steckte noch ein letztes

Mal den Kopf in das Krankenzimmer. »Immer daran denken«, sagte er mit einem letzten Witz zu seinen Zimmergenossen, »tiefes Einatmen ist der Tod für Bakterien. Das Problem ist nur: Wie kriegt man die Bakterien dazu, tief einzuatmen? Hallo, macht's gut!«
Dr. Oskarsson verließ das Krankenhaus, nickte den häßlichen Betonklumpen zu und fuhr mit dem Bus nach Hause.

Verständigung

Der Doktor war vor einem Jahr aus der Türkei nach Schweden gekommen. Er war ein sehr tüchtiger Arzt, aber er hatte noch keine Gelegenheit gehabt, perfekt Schwedisch zu lernen. Nicht einmal annähernd perfekt. Und doch lief alles ganz gut. Die Patienten verstanden ungefähr was der Doktor meinte, und dieser verstand ziemlich oft, was die Patienten ihm erzählten.

Manchmal mißverstanden sich Arzt und Patient auch, aber nicht einmal das machte Schwierigkeiten. Ganz im Gegenteil war einmal ein Kranker erstaunlich gesund geworden, nachdem er die Anordnungen des Mediziners verkehrt verstanden hatte. Der Arzt war freundlich, genau und beliebt. Die Patienten sahen ihm gerne nach, daß er nicht so gut Schwedisch sprach.

Eines schönen Tages suchte Herr Antonioni diesen Arzt auf. Herr Antonioni stammte aus Italien und war vor knapp einem Jahr nach Schweden gekommen. Er ging ins Behandlungszimmer.

»Gute Nacht«, grüßte Herr Antonioni.

»Atschö, Atschö«, sagte der Doktor freundlich, »wie steht es Ihnen?«

Herr Antonioni dachte nach.

»Ich gehabt Kopf drei Wochen«, sagte er bekümmert.
Der Arzt nickte verstehend. »Ganze Kopf drei Wochen?« wunderte er sich. »Hat er geschlagen sich?«
Herr Antonioni verstand diese Frage nicht und fragte zurück: »Wieviel?«
Der Arzt zeigte erklärend auf seinen Ellbogen: »Hat er geschlagen sich? Haben Sie Kopfschlag? Kanonen?«
»Ja, ja, Kanonen. Viele Kanonen. Und rote Beete!« »Haben Sie gehabt Fiebertemperatur?«
»Ja, dreizehnhundert Grad und sehr hoch.«

Der Doktor schrieb sich das genau auf seine Karteikarte.

»Nun werden wir untersuchen deine Kopf», sagte der Arzt freundlich. »Seien Sie so nett und ziehen aus Hemd und Butterbrote!»

Herr Antonioni zog sich Schuh und Strümpfe aus.

»Nein, nein!« erklärte der Mediziner und begann, Herrn Antonionis Knie in einen festen Griff zu nehmen.

»Nein«, erwiderte Herr Antonioni. »Falsch! Doktor gucken verkehrt! Nix Füße! Kopf! Kopf hier!« Herr Antonioni zeigte auf seinen Hals.

»Rücken?« fragte der Doktor.

»Nein Kopf! Hier!«

»Ach so!« sagte der Arzt. »Schmerz in Mütze. Warum du diesen nicht gesagt? Da werden wir sehen.« Er schaute von außen auf Herrn Antonionis Hals.
»Nein«, sagte Herr Antonioni, »in Butterbrot. Hier!« Er öffnete weit den Mund und zeigte in den Schlund.
»Aha!« rief der Doktor froh. »Schmerz in gekochte Zunge! Sie müssen essen Penizillin.«
»Gut, gut. Penizillin ist gut.«
Der Arzt schrieb ein Rezept aus und gab es dem Patienten. »Ein Tabletten drei Tage auf einmal in eine Woche.«
»Watt?«

»Ein Tablett drei Tage auf einmal in Butterbrot.«
»Drei Butterbrote?«
»Nein, ja. Ist gut.«
»Danke, freundliche Doktor. Was koste ich?«
»Dreißigtausend Kronen.«
»So billig? Hier sind sieben Stück und zwei kleine.«
»Danke, Herr Antonioni. Denken Sie gesund und werden Sie schön krank!«
»Ja, mach ich.«
»Wiedersehn. Wiedersehn.«
»Skol!«
Herr Antonioni verließ zufrieden das Sprechzimmer.

Wenn jemand in der Öffentlichkeit krank wird

Ein Arzt ist immer ein Arzt. Das hört sich zunächst so selbstverständlich an, daß es nicht besonders betont werden müßte. Man denkt, daß man mit dem gleichen Recht sagen könnte, daß ein Ingenieur immer ein Ingenieur, ein Klempner immer ein Klempner und ein Kfz-Schlosser immer ein Kfz-Schlosser ist. Bei genauerem Hinsehen aber stellt sich heraus, daß es nicht dasselbe ist. Zwischen Arzt und Kfz-Schlosser kann man kein Gleichheitszeichen setzen. Dabei ist die Meinung weit verbreitet, ein Arzt sei so eine Art Menschenmechaniker und durchaus mit einem Kfz-Schlosser vergleichbar. Man denkt, der Einbau eines neuen Motors hätte denselben Stellenwert wie eine Herztransplantation. Ein allgemeines Abschmieren mit Ölwechsel, so glaubt man, entspräche einem Check-up mit einer Packung Vitamine dazu, und wenn der Autolakkierer ein Auto neu lackiert, so mache er etwas Ähnliches wie der Arzt beim Face-lifting. Ja, manche Leute glauben, es sei dasselbe, wenn ein Kfz-Schlosser sagt: »Der einzige, der hier noch gebraucht wird, ist der Schrotthändler« und wenn der Arzt erklärt: »Ich kann nichts weiter für Sie tun, als Sie zum Psychiater zu überweisen«.

Der Vergleich zwischen Schrotthändler und Psychiater ist ziemlich bösartig, und viele Schrotthändler waren deshalb schon beleidigt.

Wenn jemand in der Öffentlichkeit krank wird, so wird von einem zufällig sich in der Nähe befindlichen Arzt erwartet, daß er aktiv wird. Man sieht das als seine Pflicht an, ob er nun weiß, was er tun soll, oder nicht. Es gibt viele mögliche Notfälle, mit denen ein Arzt in der Öffentlichkeit konfrontiert werden kann, und es kommt darauf an, das Beste aus jeder Situation zu machen.

1. Auf der Straße

Wenn ein Passant auf der Straße umkippt, ist der Arzt gehalten, schnell seine Einkäufe zu beenden. Je schneller er das tut, desto eher kann er das Geschäft verlassen und nach dem Kranken sehen. Draußen auf der Straße muß der Arzt sicher und vertraueneinflößend auftreten. Dadurch beruhigt er den Kranken, die Umstehenden und sich selber.
Zuallererst sollte der Doktor eine Schnelluntersuchung durchführen. Wie sind Puls, Atmung, Gesichtsfarbe und das Wetter? Wenn es regnet, empfiehlt es sich, in

einem Geschäft oder einem Hauseingang Schutz zu suchen, aber möglichst ohne zu vergessen, den Kranken mitzunehmen. Während der Mediziner den Kranken untersucht, bittet er einen der Umstehenden, zum nächsten Telefon zu rennen und den Notarzt zu rufen. Bis zur Ankunft des Krankenwagens redet man beruhigend und aufmunternd auf den Kranken ein. Man versichert ihm, daß keine Gefahr bestehe und daß der Puls sicher völlig in Ordnung sei (er sei nur nicht tastbar) und daß der Rettungswagen sicher sofort eintreffen werde. Man spricht in einem ruhigen und gleichmäßigen Tonfall und erklärt, daß schon alles gutgehen werde und der Patient sich also keine Sorgen machen brauche.

Es ist darauf zu achten, daß der Patient während des Wartens nicht friert, und der Arzt sollte daher jemanden von den Zuschauern bitten, seinen Mantel auszuziehen und ihn auf den Kranken zu legen. Der Doktor kann auch fragen, ob vielleicht jemand zufällig ein Kissen dabei hat, das man dem Liegenden unter den Kopf legen könnte.

Es sollte sich keine allzu große Volksversammlung rund um das Geschehen bilden, der Arzt muß

daher alle, die nichts von Krankenpflege verstehen, bitten, ihres Weges zu gehen. Bewährte Ansprache: »Stehen Sie hier nicht herum! Gehen Sie weiter! Ich bin Arzt. Hier gibt es wirklich nichts zu sehen. Lassen Sie doch diesen halbtoten armen Kerl in Ruhe! Der Krankenwagen kommt gleich. Das hoffe ich jedenfalls. Hat hier noch jemand Ahnung von Medizin? Hat eigentlich schon jemand nach dem Rettungswagen telefoniert?«
Es ist wichtig, die ganze Zeit auf den Kranken aufmunternd einzureden, damit dieser sich nicht beunruhigt. »Keine Angst! Es besteht überhaupt keine Gefahr. Ich bin

Arzt. Es wird schon alles wieder gut werden. Wenn Sie einen Krankenschein dabeihaben, wird schon alles in Ordnung kommen. Machen Sie sich keine Sorgen!« Wenn der Kranke bewußtlos ist, spielt es keine so große Rolle, was man zu ihm sagt. Hauptsache man redet in ruhigem Ton und etwas Aufmunterndes: »Ich bin Arzt. Immer mit der Ruhe! Bleiben Sie ruhig liegen! Der Krankenwagen kommt gleich.«

2. Im Flugzeug

Wenn eine Person hoch in der Luft in einem Flugzeug krank wird, ist die Lage für Patient und Arzt viel ernster, als wenn dies auf der Straße geschieht. In einem Flugzeug, in einer Höhe von 10 000 Metern, kann der Arzt den Patienten (und sich selbst) kaum mit der Aussicht auf einen bald eintreffenden Krankenwagen beruhigen. Ärzte, die im Flugzeug einen Notfall zu behandeln hatten und die aus alter Gewohnheit den Patienten mit den Worten beruhigen wollten: »Es besteht keine Gefahr. Ich bin Arzt. Der Krankenwagen ist gleich da», handelten sich mißtrauische und erschreckte Blicke von den Kranken ein.

Wird jemand im Flugzeug krank

und über Bordlautsprecher wird angefragt, ob sich ein Arzt an Bord befinde, so sollte ein guter Mediziner nicht in Panik geraten. Er sollte so selbstverständlich handeln, als handele es sich um einen Notfall auf der Straße: gelöst, vertrauen-einflößend und aufmunternd.

Zuerst steht die Frage, wer krank ist. Hoffentlich nicht der Pilot! In diesem Fall wäre die Sache ernst. Wenn ein Passagier erkrankt ist, ist es zwar auch nicht sehr erfreulich, aber die Lage ist dann doch nicht so kritisch – wenigstens nicht für die anderen Passagiere. Sollte leider doch der Pilot krank sein, muß der Arzt zuerst um das Bordmikro-

phon bitten und fragen, ob sich zufällig unter den Mitreisenden ein ausgebildeter Flieger befindet.
Ein kranker Passagier im Flugzeug verlangt dem Arzt schwierige Entscheidungen ab. Er muß schnell erkennen, ob der Patient so krank ist, daß das Flugzeug auf dem nächsterreichbaren Flughafen landen muß. Oder soll es umkehren? Geht es dem Patienten noch so leidlich, daß das Flugzeug zum Bestimmungsort fliegen kann? Der Doktor muß sich also, wie in jedem Notfall, eine ganze Reihe von Fragen stellen. Wie ist die Atmung? Puls? Gesichtsfarbe? Wo kann man landen? Wann kann man

landen? Schafft man es noch, vor der Landung zollfreie Ware einzukaufen? Das sind Fragen, die eine schnelle Antwort erheischen.
Das beste ist es im allgemeinen, schnellstmöglich einen Flughafen aufzusuchen. Bis dahin kümmert sich der Arzt so gut es geht um den Erkrankten. »Immer mit der Ruhe. Ich bin Arzt. Wir landen gleich. Der Pilot ist sehr tüchtig. Keine Gefahr. Hier haben Sie eine Decke, damit Sie nicht frieren. Kommt es Ihnen vor, als ob Sie ersticken? Könnte jemand so gut sein und ein Fenster öffnen, damit der Patient Luft kriegt? Schön ruhig bleiben!«

3. Im Theater

Es kann schon einmal vorkommen, daß ein Zuschauer im Theater von Unwohlsein befallen wird. Warum dieser Unglücksrabe nicht zu Hause geblieben und dort krank geworden ist, bleibt ein Rätsel. Es kann doch wohl keinen großen Spaß machen, im Theater krank zu werden und die ganze Vorstellung zu stören.

Ein Arzt, der im Publikum sitzt, muß sich heldenmütig zur Verfügung stellen, wenn von der Bühne herab die klassische Frage gestellt wird: »Ist hier ein Arzt im Zuschauerraum?« Der Doktor muß

zuerst lokalisieren, wo der Kranke ist. Daraufhin muß er über Stuhlreihen und feingemachte Leute klettern, um sich an diesen Ort zu begeben. Endlich beim Patienten angekommen, muß die Frage geklärt werden, ob das saumäßig schlechte Stück ihn umgehauen hat, oder ob er auch ohne Zutun des Theaters umfiel. Ist der Patient infolge des Theaterstücks ohnmächtig geworden, oder wurde ihm durch Einwirkung desselben so schlecht, daß er sich übergeben mußte, sollte der Arzt die betreffende Person aus dem Theater hinausführen und ihm für die Zukunft außer Schneewittchen alle Theaterstücke verbieten. Hat die Krankheit nichts mit den Leistungen der Schauspieler zu tun, wird die Sache schon schwieriger.

Es ist nicht leicht für den behandelnden Mediziner, den Kranken zu untersuchen, wenn beide zwischen den Theatersitzen eingeklemmt sind und sie das neugierige Publikum, das seine Aufmerksamkeit von der Bühne weg auf Arzt und Patient gerichtet hat, bedrängt. Der Doktor sollte versuchen, das Publikum dazu zu bringen, auf den Plätzen sitzen zu bleiben und sich nicht auf die Sitze zu stellen, um besser zuschauen zu können. Eventuell ist es am besten, die

Schauspieler zu bitten, mit dem Spiel fortzufahren, um die Aufmerksamkeit des Publikums abzulenken. »Spiel drauf los, Hamlet!» kann der Arzt einem Akteur zurufen, «machen Sie nur weiter und kümmern Sie sich nicht um mich! Hier brauchen wir keinen Totengräber. Im Moment jedenfalls noch nicht!«

Was meint der Doktor?

Es ist wichtig, daß Doktor und Patient sich gegenseitig verstehen, wenn sie miteinander sprechen. Der Arzt muß verständlich sprechen, damit sein Gegenüber Bescheid weiß und keine Mißverständnisse entstehen. Man darf zum Beispiel keine lateinischen Worte ins Gespräch mischen. Es ist völlig sinnlos, jemanden mit folgenden Worten beruhigen zu wollen: »Das ist überhaupt nicht gefährlich. Das EKG zeigt nur eine paroxysmale Tachykardie.«

Der Doktor muß nicht nur Fremdwörter vermeiden, er muß auch bemüht sein, sich klar und eindeutig auszudrücken. Leider tun dies nicht immer alle Ärzte. Drückt sich der Mediziner etwas verschwommen aus, so kann es schwierig für den Laien sein zu verstehen, was eigentlich gemeint ist. Manchmal errät der Patient, was der Arzt gemeint haben könnte, aber oft hat er keine Ahnung, was die Geheimsprache bedeutet. In seltenen Fällen weiß der Doktor selbst nicht, was er meint. Dann kann er ja nicht erwarten, daß der Kranke es herausfindet. Diese Kommunikationsprobleme gibt es oft, wenn die Patienten wissen wollen, was die letzte Röntgenaufnahme oder die letzte Blutuntersuchung ergeben hat. Dann kommt es für denjenigen darauf an, daß er die unklaren Antworten des Doktors richtig deuten kann.

Ein Beispiel: »Herr Doktor, ich würde gern wissen, was meine Röntgenaufnahme ergeben hat. War alles o.k.?« – »Ja, Frau Persson, das will ich Ihnen gerne sagen. Auf dem Röntgenbild ist eine kleine Veränderung ersichtlich. Aber die ist sicher nicht gefährlich.»

Was bedeutet diese Antwort? Es handelt sich um ein gutes Beispiel für eine Aussage, von der der Doktor selbst nicht weiß, was sie bedeuten soll. Dieses »Eine kleine Veränderung auf dem Röntgenbild, die sicher nicht gefährlich ist« kann alles bedeuten, von: »Es ist völlig ungefährlich. Sie brauchen sich keine Sorgen zu machen« bis: »Wir sind ja alle nicht unsterblich«. Ebenso diffus ist es, wenn der Mediziner sagt: »Man kann ja nie etwas mit völliger Gewißheit versprechen. Aber die Sache wird schon gut ausgehen.« Das meint alles zwischen »keine Gefahr« und »Ruhe sanft«. Es gibt aber Unklarheiten, die sich leichter dolmetschen lassen. Man muß nur Einfühlungsvermögen besitzen.

Beispiel: »Herr Doktor, was haben meine Laborbefunde eigentlich ergeben?« – »Ihre Befunde, Herr

Larsson sind ... äh ... nichts Besonderes. Alles normal. Alles in Ordnung, Herr Larsson. Alles bestens.« Was der Doktor wirklich hiermit sagt, ist das Folgende: »Tjaaa, einige Ihrer Laborbefunde sind nicht normal, aber ich weiß nicht so recht, was man daraus schließen soll und wieso die Untersuchungen gemacht wurden. Eigentlich müßten wir sie wiederholen. Aber, ach was! Ich scheiß' drauf! Die Sache ist sicher unbedeutend.«

Auf die gleiche Weise kann man mit etwas Training die Antwort des Doktors entschlüsseln, wenn er die Frage beantwortet: »Wie war mein letztes Blutbild, Herr Doktor?« Der Arzt sagt: »Ungefähr genauso wie voriges Mal.« Das heißt: »Ich habe Ihr letztes Blutbild vergessen und auch das Blutbild davor. Aber die waren bestimmt alle ungefähr gleich. Sie sehen ja gesund und stark aus.« Schwerverständlich wird es, wenn der Doktor zwei gegensätzliche Dinge zu gleicher Zeit sagt.

»Was hat mein EKG ergeben, Herr Doktor?« – »Es zeigte einen unbedeutenden Myokardschaden. Nichts Besonderes.« – »Was bedeutet das, Herr Doktor? Kann ich bei meiner Lebensweise bleiben?« – »Aber natürlich. Leben Sie nur so weiter wie bisher! Essen, trinken und Bewegung! Arbeiten Sie wie immer! Es sind keinerlei Einschränkungen notwendig. Sie müssen natürlich etwas kürzer treten und sich keinem Streß aussetzen. Es ist schon etwas gefährlich, wenn Sie sich überanstrengen, und rauchen ist auch nicht so gut. Sie müssen auch darauf achten, was Sie essen, und Alkohol ist ungesund. Leben Sie so weiter wie bisher!«

Es ist nicht so leicht zu erraten, was der Doktor meint. Vermutlich will er auf der einen Seite nicht zu sehr in den Tagesablauf des Patienten eingreifen, auf der anderen Seite will er ihn auch nicht zu früh ins Grab bringen. Dadurch, daß er sich selbst widerspricht, hält er sich alle Türen offen.

Wenn der Patient beim nächsten Besuch darüber klagt, daß er bei körperlicher Anstrengung so müde wird, kann der Doktor sagen: »Ja, ich habe Ihnen aber doch gesagt, Sie sollen kürzer treten.« Bekundet der Patient beim nächsten Besuch, daß es eine psychische Belastung ist, wenn man sich kaum zu rühren wagt, bemerkt der Arzt wahrheitsgemäß:

»Ja, aber ich habe Ihnen doch letztes Mal gesagt, Sie sollen so weiterleben wie bisher.«

Ihrer selbst unsichere Ärzte formulieren alle ihre Antworten so, daß alles falsch ist, was immer der Patient auch tut.
Wenn der Doktor sagt: »Guten Tag, Frau Persson. Na so eine Überraschung Sie wiederzusehen!« so bedeutet das: »Lebt denn die alte Schachtel immer noch? Wer hätte das gedacht?« Sagt der Doktor schnell: »Nehmen Sie diese Medizin hier, und wir sehen uns in einem halben Jahr wieder«, so fährt er in Gedanken fort: »...wenn die Nebenwirkungen dieser Medizin Sie nicht vorher umgebracht haben.«
Es ist schon schwierig genug, die

Antworten des Doktors zu interpretieren, wenn man sie hört. Aber noch schlimmer ist es, wenn man gar nicht hört, was er sagt. Wenn ein Arzt, der sonst deutlich spricht, plötzlich anfängt zu nuscheln, dann ist Gefahr im Verzuge. Wenn er, der immer akzentuiert und deutlich gesprochen hat, plötzlich murmelt: »Ja, Frau Persson, ich habe mir Ihre Laborbefunde angesehen und ... murmel, murmel ... die sind ... murmel, murmel ... aber wir werden mal auf alle Fälle ... murmel, murmel«, dann ist es Zeit für Frau Persson, ein Vaterunser zu beten oder den Arzt zu wechseln. Frau Persson braucht je-

doch nicht den Mut zu verlieren. Das Gemurmel des Doktors kann auch von einer Halsentzündung kommen.
Die gewöhnliche Arztfloskel »Es liegt kein Grund zur Beunruhigung vor« bedeutet eigentlich: »Vielleicht geht es gut, vielleicht geht es schief.« Es ist also keineswegs so, daß der Doktor immer das meint, was er sagt. Aber er sagt immer, was er meint.

Der Arzt im gesellschaftlichen Leben

Das Leben eines Doktors besteht nicht nur aus Arbeit. Manchmal geht er auch aus und trifft sich mit anderen Menschen. Im gesellschaftlichen Leben wird er sogar als eine Bereicherung betrachtet. Wie langweilig und trist er im Einzelfall auch immer sein mag, er bleibt doch Arzt, und als solcher ist er bei jedem Essen und bei jedem Fest willkommen. Das kann aber auch manchmal etwas anstrengend sein, und viele Ärzte verschweigen deshalb bei solchen Gelegenheiten ihren Beruf. Ein Festteilnehmer, der behauptet, als Klempner zu arbeiten, stellt sich oft als Gynäkologe heraus. Der an-

gebliche Boxer ist eigentlich Chirurg, und der wunderliche Typ, der sich als Napoleon ausgibt, kann von Beruf nur Psychiater sein.
Warum will jemand bei feierlichen Anlässen nicht hinausposaunen, daß er Arzt ist? Ganz einfach: weil dann alle Anwesenden seinen Rat wollen. Wie froh der Mediziner über seinen Beruf auch ansonsten sein mag, so würde er sich doch freuen, wenn er auch einmal ein Privatleben frei von Patienten hätte. Sogar frischgebackene Doktoren, die noch immer glücklich sind, wenn man sie mit ihrem neu erworbenen Titel anspricht, haben Festkonsultationen bald satt.

Die Gespräche bei derartigen Anlässen sind oft eine Plage. Die Tischnachbarn mögen unterschiedliche Grade von Rücksicht oder Rücksichtslosigkeit aufweisen, aber sie wollen alle nur das eine: eine private und kostenlose Diagnose beim Mittagessen. Nie kommt jemand auf die Idee, wenigstens bis nach der Mahlzeit zu warten. Ein trainierter Gast fängt schon bei der Vorspeise an. Nach einem ungewöhnlichen Diner mit drei Gängen kennt der Arzt die Krankengeschichte seiner Tischdame, deren nächsten Verwandten und die körperlichen Beschwerden seines Gegenübers. Außerdem ist er mit einigen über die ganze Tafel verstreuten Symptomen bekanntgeworden.

Es gibt verschiedene Methoden, den mittagessenden Mediziner zu attackieren. Eine ist es, die Konsultation in verschlungene Schleifen und viele Worte einzukleiden.

Frau Larsson ist bei Tisch neben einen Arzt plaziert worden und beginnt die Konversation mit dem ersten Bissen. »Aha, Sie sind Arzt. Das muß ja interessant sein. Jaja, Sie brauchen keine Angst zu haben, Herr Doktor, ich will keinen ärztlichen Rat von Ihnen. Ich weiß, das es ungehobelte Menschen gibt, die versuchen, einen Doktor sogar beim Mittagessen zu konsultieren. Aber so etwas würde mir nie einfallen. Sie können ganz beruhigt sein, Herr Doktor. Ich bin der Meinung, es gehört sich nicht, einen Arzt zu stören, der nicht im Dienst ist. Und noch dazu bei einem Diner! Nie im Leben! Sie können in Ruhe weiterspeisen, Herr Doktor. Ich weiß, daß es schrecklich ist, wenn man von den Leuten beim Essen angeredet wird. Ich selber würde nie auf die Idee kommen, Sie zu fragen, was das ist, das da manchmal im Rükken sticht. Es kommt oft vor dem Einschlafen. Aber ich habe nicht die Absicht, Sie damit zu belästi-

gen, Herr Doktor. Machen Sie nur ruhig weiter! Ich bin nicht der Typ, der Ärzte bei der Mahlzeit stört. Wenn ich dagegen mein unhöflicher Schwager wäre – da hinten an der Stirnseite sitzt er! –, dann würde ich Sie glatt ansprechen, Herr Doktor. Aber man hat ja Verständnis dafür, daß ein Arzt in seiner Freizeit in Ruhe gelassen werden will. Ich bin der Meinung, man sollte das respektieren und Rücksicht walten lassen. Und nicht mit seinen Wehwehchen kommen. Es ist faktisch sehr unangenehm. Es sticht hier so zwischen den Schulterblättern. Was, glauben Sie, könnte das sein, Herr Doktor?«

Andere Gäste sind mehr geradeheraus und zielbewußt. Es ist ihnen in keiner Weise bewußt, daß sie dem Doktor lästig fallen könnten. Sie sind so glücklich darüber, daß sie beim Mittagessen neben einem Mediziner oder ihm gegenüber sitzen können, daß sie vor Freude und Symptomen übersprudeln.

»Was Sie nicht sagen! Sie sind Internist? Das ist ja prima. Ich versuchte gestern einen Termin bei meinem Hausarzt zu bekommen, aber der ist in Urlaub. Was für ein glücklicher Zufall, daß mir nun ein Doktor gegenübersitzt. Klasse! Ein Glück, daß ich gleich zu Beginn des Essens Ihren Beruf erfahren habe, da können wir uns ja länger unterhalten. Wirklich ganz herrlich! Ich habe so viele Krankheiten zu besprechen. Erstmal ist da mein Bauch, der wirklich nicht in Ordnung ist. Es gluckert und rumort darin, und wenn ich rülpse, habe ich einen schlechten Geschmack im Mund. Manchmal geht's mir schlecht und...« Und so weiter.

Solche Personen sind die Hauptursache dafür, daß viele Ärzte ihren Beruf verschweigen, wenn sie zum Essen eingeladen werden.

Zwischen dem ersten Menschenschlag, der anfangs versucht, rücksichtsvoll zu wirken, und dem zielbewußten Typ im zweiten Beispiel gibt es eine Zwischenform. Das sind die Gäste, die einerseits wissen, daß es sich nicht gehört, einen Arzt beim Mittagessen zu stören, die aber andererseits finden, daß es schade darum wäre, eine Chance zu verpassen. Diese Leute versuchen es mit einer Art von halbherzigem Kompromiß.

»Lassen Sie sich nicht unterbrechen, Herr Doktor. Ich habe Verständnis dafür, daß Sie in Ruhe speisen wollen. Essen Sie nur ruhig weiter. Ich gehe inzwischen meine Symptome durch. Ich werde ein bißchen leise sprechen, damit ich nicht so sehr störe. Sie werden mich ja trotzdem hören. Ja also, da sind erstmal meine Nieren…«

Es ist nicht gut für die Verdauung des Mediziners, wenn er Tischnachbarn hat, die gleich beim ersten Bissen mit der Fragerei beginnen. Da bleibt ihm jeder Bissen im Halse stecken.

Was kann man also unternehmen, wenn man am Mittagstisch mit einem eifrig konsultierenden Patienten sitzt?

Es gibt verschiedene Arten der Reaktion. Die einfachste und abrupteste ist, aufzustehen und nach Hause zu gehen. Der Doktor kann sagen, daß es ihm nicht gutgeht, der Hausfrau für die herrliche halbe Vorspeise danken und sich dann verabschieden. Das befreit ihn für den Rest des Tages von aufdringlichen Patienten, auf der anderen Seite kommt er aber um ein gutes Mahl. Man muß das Für und Wider abwägen. Ist es die Feier wert zu bleiben, oder ist es besser, woanders zu speisen, vielleicht nicht so exquisit, aber dafür in Ruhe? Will der Arzt noch ein wenig garstig zu dem Gast sein, der ihn vertrieben hat, so kann er vor dem Gehen noch »versehentlich« einen Schluck aus dessen Weinglas nehmen. Dann teilt er ihm im

Vertrauen mit: »Ich muß jetzt nach Hause. Mir geht es nicht gut. Ich glaube, meine alte Syphilis macht sich wieder bemerkbar.«

Entscheidet sich der Doktor, trotz der Bedrängung durch die übrigen Gäste dazubleiben, bleiben ihm verschiedene Möglichkeiten, den medizinischen Fragen zu begegnen. Eine empfehlenswerte Art ist die freundliche und entgegenkommende.

Fängt der Tischnachbar an mit einem: »Ach, Sie sind Arzt! Da muß ich Sie mal was fragen«, so antwortet der Angesprochene höflich: «Aber ja. Fragen Sie nur immer drauflos! Es stört Sie wohl nicht, wenn ich zwischendurch ein paar Happen zu mir nehme.« – »Nein, nein, Herr Doktor, essen Sie nur! Das stört mich überhaupt nicht. Also, die Sache ist die: Es sticht manchmal im Bauch, und dann ist da so ein schneidender Schmerz. So ungefähr in der Nabelgegend. Das ist gewaltig unangenehm. Was glauben Sie, kann das sein, Herr Doktor?« – Der Arzt antwortet, sacht kauend, mit unverändert freundlicher Stimme: »Das kann ich nicht sagen, ohne Sie untersucht zu haben. Wenn Sie so freundlich sein wollten, sich nackt auszuziehen und sich hier auf den Tisch zu legen. Aber vor-

sichtig, damit der Salat nicht herunterfällt..«
Die meisten Gäste erkennen die Ironie im Vorschlag des Doktors. Trifft man aber wirklich auf einen Menschen, dem so viel an einer Untersuchung liegt, daß er sich am Mittagstisch auszieht, so gibt es zwei Alternativen: Entweder man macht mit der Sache ernst, räumt die Mohrrüben und Fäßchen weg und beginnt mit der Untersuchung. Das pflegt die Aufmerksamkeit der übrigen Tischgesellschaft zu erregen. Die andere Alternative empfiehlt sich bei weiblichen Störenfrieden: Beginnt die Frau, sich auszuziehen, so sage

man mit lauter Stimme: »Das ist sehr freundlich von Ihnen, Frau Jönsson, aber hier können wir es doch nicht machen. Doch ich kenne einen Ort, wo ein gemütliches Bett steht.«

Eine andere Art, sich solcher Leute zu entledigen, ist der »Jetzt-ist-es-aber-allerhöchste-Zeit«-Trick.

Der Arzt kommt wie üblich bis zur Hälfte der Vorspeise, als der Tischnachbar loslegt: »Was Sie nicht sagen! Sie sind Arzt? Da muß ich Sie etwas über meine Nieren fragen. Die scheinen nicht in Ordnung zu sein. Sie tun manchmal weh. Was glauben Sie, kann das sein, Herr Doktor?« Der Angesprochene gibt sich ein erregtes Aussehen und antwortet mit angespannter Stimme: »Was sagen Sie? Ihre Nieren schmerzen? Tun sie etwa auch weh?« – »Ja genau. Sie tun weh. Ich glaube jedenfalls, es sind die Nieren. Warum machen Sie so einen unruhigen Eindruck, Herr Doktor?« – »Es ist höchste Eile geboten, verstehen Sie? Sie müssen schnellstens ins nächste Krankenhaus zur Notaufnahme. Damit ist nicht zu spaßen. Die Sache eilt.« – »Aber lieber Herr Doktor, ich habe die Beschwerden doch schon fünfzehn Jahre. Da kann es doch nicht plötzlich so eilig sein.« – Der Doktor ist nun erst recht aufgeregt.

»Doch, doch, doch. Es ist höchste Eisenbahn. Tempo! Rufen Sie sofort ein Taxi und fahren Sie ins nächste Krankenhaus! Sie brauchen keine Einweisung. Fahren Sie einfach los! Nierenschmerzen!«

Der arme Patient wagt natürlich nicht zu widersprechen und fährt sofort ins nächste Krankenhaus. Dort muß er warten, bis er nach einigen Stunden untersucht und für gesund erklärt wird. In der Zwischenzeit kann der Arzt in aller Ruhe das Mahl beenden. Wenn der vermeintliche Kranke von der Klinik zurück kommt, ist die Tafel aufgehoben und sein Gesprächspartner satt und zufrieden. Der Doktor bedauert es, daß der arme Patient sein Essen versäumt hat, aber er hat vorsichtshalber dessen Portion zusätzlich gegessen. »Damit nichts weggeworfen zu werden braucht.«

Eine weniger drastische Weise, zudringliche Patienten vom Essen abzuhalten, ist der »Das-dürfen-Sie-nicht-essen«-Trick.

Nach den üblichen Einleitungsphrasen hat der Tischnachbar des Doktors dessen Beruf herausbekommen. In der gewöhnlichen Reihenfolge beginnt er (oder sie) mit der Auflistung aller seiner (ihrer) Symptome. Der Arzt hört freundlich zu. Nach kurzer Zeit beginnt er mit seinem schonungslosen Gegenangriff. »So, so. Sie haben Magenbeschwerden, sagen Sie. Das hört sich ja ganz nach Magenkatarrh an. Vielleicht sogar ein Magengeschwür. Da dürfen Sie auf keinen Fall diese Pastete hier als Vorspeise zu sich nehmen. Das wäre eine Katastrophe für Ihren Magen. Lassen Sie sie stehen, sonst zerstören Sie Ihren Magen völlig. Wunderbare Pastete! Ausgezeichnet! Nein, Sie dürfen nicht mal kosten. Denken Sie an Ihren Magen!« Danach kann der Doktor seine Pastete essen und bis zum Hauptgericht dem Patienten mit halbem Ohr zuhören. Dann ist es wieder Zeit zuzuschlagen. »Na, nun wollen wir doch mal sehen, was es für ein Hauptgericht gibt. Die Gastgeber sind phantastische Feinschmecker, die sich auskennen. Sieht aus wie Schneehuhn. Ich danke bestens.« Der Tischnachbar, der keinerlei Vorspeise zu sich nehmen konnte, ist nun tüchtig hungrig und gedenkt, sich eine ordentliche Portion auf den Teller zu legen. Der Doktor hindert ihn daran und sagt: »Nein, nein, nein! Sowas dürfen Sie nicht essen. Mit Ihrem Magen! Außerdem erwähnten Sie Rückenschmerzen. Da weiß man nie, was das sein kann.

Vielleicht sind das die Nieren, die Ärger machen. Dann ist es geradezu lebensgefährlich, Schneehuhn zu essen. Von der guten Soße gar nicht zu sprechen. Die ist Gift für Sie. Aber eine kleine Kartoffel dürfen Sie essen. Bitte ordentlich kauen!« Der ›Patient‹ ist dem Weinen nahe. »Aber ein kleines bißchen Schneehuhn ist doch wohl erlaubt, lieber Herr Doktor?« – »Auf gar keinen Fall. Ich kann es nicht verantworten, daß Sie sich Magen und Nieren zerstören. Kein Schneehuhn! Aber die Kartoffeln sehen doch auch ganz gut aus.« Der Arzt kann danach ungestört die warme Mahlzeit genießen, während sein Nachbar damit aufhört, von seinen Beschwerden und Krankheiten zu berichten. Er sitzt still da, und während ihm die Spucke im Mund zusammenläuft, sieht er zu, wie die anderen Gäste gierig essen. Wenn man bei der Nachspeise angelangt ist, hängt es vom Doktor ab, ob der hungrige ›Patient‹ etwas essen darf. Ist er gnädig, kann er dem ›Kranken‹ ein wenig Nachspeise genehmigen. Auf alle Fälle wird dieser ›Patient‹ den Doktor nie mehr belästigen, weder bei diesem Essen, noch bei einem anderen.

Eine etwas einfachere, aber genau so einschneidende Methode ist der

»Das-dürfen-Sie-nicht-trinken«-Trick.

»Wie schön, daß ich neben einem Arzt sitze! Da kann ich Sie vielleicht mit ein paar Fragen ein bißchen stören. Es schmerzt im...« Hier unterbricht der Doktor energisch. »Das ist die Leber. Ihre Beschwerden kommen von der Leber.« – »Aber ich habe Ihnen ja noch gar nicht gesagt, was ich für Beschwerden habe, Herr Doktor.« – »Das spielt keine Rolle. Welche Beschwerden Sie auch immer haben, ich sage Ihnen, die kommen von der Leber. Das ist ganz deutlich zu sehen.« – »So, so, aha. Was glauben Sie, soll ich da machen,

Herr Doktor?« – »Überhaupt kein Alkohol. Kein Schnaps, kein Wein, kein Bier. Nichts.« – »Ja aber ich trinke ungeheuer wenig Alkohol. Eigentlich trinke ich nur bei einer Feier mal was.« – »Das müssen Sie vollkommen lassen. Keinen Tropfen!« – »Aber heute Abend, beim Essen, werde ich doch wohl was trinken dürfen. Lieber Herr Doktor, ich fühle mich ja faktisch überhaupt nicht krank.« Der Gesprächspartner bleibt hart und stur. »Überhaupt nichts dürfen Sie trinken. Ich werde Ihnen eine Karaffe Eiswasser bestellen, eine große, damit sie den ganzen Abend reicht.«

Diese »Das-dürfen-Sie-nicht-trinken«-Variante kann man bei allen Gelegenheiten anwenden. Unabhängig davon, über welche Beschwerden ein Mensch klagt, erklärt der Doktor mit lauter Stimme: »Das kommt vom Schnaps. Sie müssen aufhören zu trinken!« Die in der Nähe sitzenden Gäste schauen den so Abgefertigten an und nicken sich bekräftigend zu. Aha, er hat Alkoholprobleme. Das konnte man sich ja denken. Der eingeschüchterte ›Patient‹ wagt es dann den ganzen Abend nicht mehr, den Doktor anzusprechen, sondern sucht bei der Flasche Trost, was die anderen

Gäste in der Meinung bestärkt, daß die Diagnose richtig war. Kein anderer Gast fragt danach den Mediziner noch irgendetwas, aus Angst, daß der Doktor brüllt: »Das kommt vom Schnaps! Sie müssen aufhören zu saufen!«

Ärztekonferenz

Das Krankenhaus war ungeheuer groß. Es umfaßte eine Vielzahl verschiedener Kliniken, Abteilungen und Laboratorien. Die Klinik war so groß, daß man sich darin verirren konnte (was auch oft geschah). Es war wie eine eigene kleine Welt, das große Krankenhaus. Man konnte sein Leben lang in einer Station arbeiten, ohne seinen Nachbarn zu treffen, der in einem anderen Teil desselben Komplexes arbeitete. Die Kommunikation zwischen den Ärzten litt unter dieser Größe.

Wollte ein Arzt der internistischen Klinik einen anderen Arzt konsultieren, der in der Chirurgie arbeitete, so hatte er zwei Möglichkeiten zur Auswahl. Die eine war das Telefon. Damit klappte es natürlich nicht. Erst wählte man die Nummer vom Zimmer des gesuchten Arztes. Da war er nicht. Dann rief man die Zentrale an und fragte, ob sie wüßten, wo der Doktor sei. Die Zentrale verband einen dann mit dem Labor. Das war völlig verkehrt. Der gesuchte Doktor hatte seit zwölf Jahren seinen Fuß nicht mehr ins Labor gesetzt. Man rief wieder die Zentrale an. »Wen suchen Sie doch gleich?« fragte die Vermittlung. Man wurde mit der HNO-Klinik verbunden. Das war auch falsch. Zurück zur Zentrale.

»Wen suchten Sie doch gleich?« usw. Ein Telefon ist ganz ausgezeichnet, wenn man sich vom Weckdienst wecken lassen will. Aber ist vollkommen untauglich, wenn man einen Arzt braucht.

Die andere Methode, wie der Internist zu seinem Chirurgenkollegen kommen konnte, war der Spaziergang zur chirurgischen Klinik, um ihn dort zu suchen. Es lag eine Distanz von fünf Kilometern zwischen der medizinischen und der chirurgischen Abteilung, ein Weg, den man nicht gern umsonst macht.

Das Resultat war also, daß die Kommunikation zwischen den

Ärzten der verschiedenen Kliniken schlecht war, um nicht zu sagen völlig ungenügend. Das war nachteilig für die Patienten. Es geschah nämlich zuweilen, daß ein Arzt nicht recht wußte, was er mit einem Kranken auf seiner Station anfangen sollte. »Ich müßte in diesem Fall die Chirurgen fragen«, dachte der Arzt. »Ich weiß nicht, ob dieser Patient hier operiert werden soll.« Er versuchte dann, die chirurgische Klinik anzurufen, was nicht klappte. »Tja«, dachte der Arzt, »es ist ja ziemlich weit zur Chirurgie. Da glaube ich dann lieber, daß der Patient nicht operiert werden muß.«

Als die mangelhafte Kommunikation zu Unannehmlichkeiten, sowohl für die Patienten als auch für Ärzte, geführt hatte, kam dem Direktor des Krankenhauses die Idee, daß irgend etwas unternommen werden mußte. Es wurde beschlossen, daß sich alle Ärzte jede Woche zu einer Konferenz zu versammeln hätten.

In diesen Konferenzen sollten Fragen von allgemeinem Interesse besprochen werden. Man konnte zum Beispiel den Fall eines Patienten diskutieren, der im Krankenhaus lag, oder über ein neues Medikament reden, das gefährlich ist. Die Ärzte sollten Gelegenheit haben, sich in Angelegenheiten, in denen sie ihrer Sache nicht sicher waren, gegenseitig um Rat zu fragen. Es war nicht leicht, einen Termin zu finden, der allen Beteiligten paßte. Die Internisten wollten die Zusammenkunft auf den Donnerstagnachmittag legen, aber das ging nicht, denn zu der Zeit operierten die Chirurgen. Die schlugen den Dienstagmorgen vor, aber der paßte den Psychiatern nicht. Da ließen sich nämlich alle Psychiater im Nachbarkrankenhaus selber analysieren. Mittwoch kam nicht in Frage, denn mittwochs waren die Augenärzte kurzsichtig, und an den Freitagen konnten die

Fachärzte für Infektionskrankheiten nicht, weil sie dann erkältet waren. Schließlich einigte man sich auf Sonntagmorgen um sechs. Diese Zeit rief keinen großen Enthusiasmus bei den Ärzten hervor, aber es war der einzige Termin, der allen paßte.

Die Sonntagskonferenzen waren immer interessant und lehrreich. Sie fanden in der riesigen Bibliothek des Krankenhauses statt, und die Angehörigen der verschiedenen Kliniken saßen in getrennten Fraktionen. Die Internisten saßen für sich, die Chirurgen für sich, die Augenärzte für sich und so weiter. An *einem* Sonntag konnte man besprechen, was man mit einem Kranken mit unklarer Diagnose machen sollte. Und am *nächsten* Sonntag konnte man beratschlagen, was man mit dem Patienten besser hätte anders machen sollen, und wer Schuld daran hatte, daß es so tragisch mit dem Patienten geendet hatte.

Die Konferenzen sollten Punkt sechs Uhr morgens beginnen, aber vor halb sieben war kein Arzt da. Trotzdem hieß es weiterhin, daß die Veranstaltung pünktlich begänne. Wenn kurz nach halb sieben fast alle Ärzte da waren, wurde die Versammlung eröffnet. Professor Ek war der Vorsitzende.

Heute wollte man einen Patienten mit unklaren Bauchbeschwerden diskutieren. Niemand wußte, worauf diese Beschwerden zurückzuführen waren. Die Chirurgen glaubten, es wäre chirurgisch, und die Internisten sahen es für internistisch an. Der Patient hieß Nordlund und durfte natürlich an der Konferenz nicht teilnehmen.
»Ich glaube, daß Nordlunds Beschwerden auf einen Magenkatarrh zurückzuführen sind«, sagte ein internistischer Assistenzarzt, der neu im Krankenhaus war. »Magenkatarrh«, zischte ein Chirurg höhnisch. So simple Diagnosen durften in der Sonntagskonfe-

renz nicht auftauchen. Der beabsichtigte Zweck der Runde war es, seltene und exklusive Krankheiten zu diskutieren. Es sollten richtige Sonntagsdiagnosen sein. Es zeugte von schlechtem Geschmack, so etwas Banales vorzuschlagen. Der internistische Oberarzt, der sich wegen des schändlichen Diagnosevorschlags seines Assistenzarztes schämte, versuchte, die Sache zu beschönigen. »Ja, er meint natürlich keinen gewöhnlichen Magenkatarrh, das versteht sich von selbst. Er meint die afrikanische Dünndarmpest, die die Symptome eines gewöhnlichen Katarrhs annehmen kann.«

Der chirurgische Oberarzt sah irritiert aus. Er hatte noch nie etwas von einer afrikanischen Dünndarmpest gehört. Aber das konnte er nicht zugeben. »Aha, das glaubst du also, so«, sagte er statt dessen überlegen. »Ja, es ist ja möglich, daß es das ist. Aber ich persönlich glaube, es ist etwas Chirurgisches. Vielleicht Darmverschlingung. Das Beste wird sein, wir schneiden ihn auf und sehen nach.«
Bei diesen Worten erhob sich die gesamte Chirurgensektion und schrie: »Schneiden! Schneiden!« Sie wurden aber von Professor Ek zur Ruhe gezischt.

Die Diskussion ging weiter. Ein Arzt, der ein wenig zu spät gekommen war (d. h. eine ganze Zeit später), schlug vor, daß der Patient schwanger war. »Was haltet ihr davon?« wollte er wissen. Die übrigen im Raum sahen ihn an, als hätte er sie nicht alle. Der Patient war ein Mann. »Ach so«, sagte der Arzt, der Schwangerschaft vorgeschlagen hatte, »dann habe ich mich in der Krankenakte verlesen. Ich dachte, da stand ›Helga Nordlund‹. Aber das sollte wohl ›Helge‹ heißen. Ja, ja.« Ein ambitionierter Arzt von der Chirurgenseite, der gerne seine Tüchtigkeit zeigen wollte, legte seine Stirn in tiefe Falten und sagte: »Es könnte ein Polyp sein. Das Beste ist doch operieren.« Die ganze Chirurgenbande erhob sich wieder wie ein Mann und schrie: »Schneiden! Schneiden!« Als es wieder still war, schlug ein Internist die Diagnose Syphilis, Alkoholismus und Verbrennung vor. Der stellvertretende Chirurgieoberarzt war der Ansicht, daß es das Beste wäre zu operieren. »Schneiden! Schneiden!« schrien die Chirurgen erregt. Professor Ek, der die Patienten verwechselte, schlug vor, daß es sich vielleicht um Malaria handeln könnte. Er erinnerte sich an die dreißiger Jahre in Sumatra.

Die Diskussion ging weiter. Alle möglichen und unmöglichen Vorschläge und Überlegungen wurden verworfen. Die Augenärzte glaubten, daß Herrn Nordlunds Bauchbeschwerden auf eine falsche Brille zurückzuführen seien. Die HNO-Ärzte neigten zu der Ansicht, daß ein Ohropax-Pfropfen im Ohr die wirkliche Krankheitsursache war. Prof. Ek hatte seinen eigenen Vorschlag, Malaria, verworfen und führte dafür die Hongkong-Grippe in die Diskussion ein. Die Gynäkologen hatten es schwer, weil der Patient männlich war. Die Fachärzte für Infektionskrankheiten plädierten auf

Masern. Jedesmal, wenn das Wort »Operation« fiel, erhob sich die Chirurgensektion und schrie ihr ewiges »Schneiden! Schneiden!«
Zum Schluß einigte man sich dahingehend, daß man keine Ahnung habe, woran Herr Nordlund litt. Zur Entscheidung wurde eine Münze geworfen, und es fiel Zahl. Das bedeutete »nicht operieren«. Die Chirurgen protestierten ein wenig lahm, aber das führte zu nichts. Alle wußten, daß man gegen die Münzenwurfentscheidung nicht protestieren durfte.
Herrn Nordlund wurde an diesem Tage etwas später mitgeteilt, daß die Krankenhausärzte nach inten-

siver Überlegung zu dem Entschluß gekommen waren, ihn nicht zu operieren. Herr Nordlund solle statt dessen Medikamente bekommen. Welche Medikamente er einzunehmen habe, sollte auf einer besonderen Internistenkonferenz entschieden werden, die jeden Samstagabend um 11 Uhr stattfand. Zu dieser Konferenz brachte man auch eine Münze mit, die sich ausgezeichnet zum Hochwerfen eignete. »Sie brauchen sich überhaupt keine Sorgen zu machen«, sagte der Stationsarzt zu Herrn Nordlund, »wir haben alles unter Kontrolle.«